CAROLINA CAPRIA
MARIELLA MARTUCCI

Ilustraciones de MARÍA TORO

HISTORIA DE LAS MUJERES

Para una mirada nueva
y sin estereotipos
sobre el mundo de hoy

Traducción de SOFÍA RHEI

Duomo ediciones

T0036707

INTRODUCCIÓN

Como la mayor parte de las niñas y de los niños, también nosotras crecimos con la idea de que la historia de la humanidad era, en general, la historia de los hombres: cómo habían evolucionado a partir de los primates, las cosas que habían descubierto a lo largo de los años y todo lo que habían conseguido inventar, hasta dónde habían llegado. Siempre habíamos creído, por ejemplo, que en la Prehistoria el único papel verdaderamente relevante era el del hombre cazador, mientras que las tareas reservadas a las mujeres quedaban en un segundo plano. Sin embargo, al crecer, empezamos a hacernos preguntas y a buscar respuestas que pudieran satisfacer nuestro deseo de saber cómo vivieron nuestras tataratatara (y muchas otras «tatara») abuelas y qué aportaron a la evolución de la especie humana. Así que hemos intentado reunir todos estos fragmentos del pasado para reconocer a las mujeres los méritos y éxitos que no se les han atribuido hasta ahora. Hemos intentado contar una historia coral, compuesta por hombres y mujeres que caminan unos junto a las otras, poniendo al servicio de la especie sus capacidades, conocimientos e inteligencia. ¡Tú también formas parte de esa historia!

el paleolítico

DESDE HACE 3 MILLONES DE AÑOS HASTA EL 10000 A. C.

Hace muchos años, aparecieron las primeras mujeres
y los primeros hombres en África oriental.
Aún se parecían a los primates de los que
descendían, pero tenían mucha menos vellosidad,
caminaban más erguidos y estaban empezando
a construir **pequeñas herramientas**
con lo que tenían a mano.
Para los primeros hombres y mujeres la vida
no debía de ser fácil, porque como eran los primeros,
no tenían a nadie a quién preguntarle cómo se hacía
todo. Así que todos los descubrimientos, desde
los más sencillos a los grandes logros, eran el
resultado de numerosos intentos previos.

LA EDAD DE PIEDRA

Otro nombre que recibe la Prehistoria es el de «Edad de Piedra», debido a que durante este periodo las mujeres y los hombres aún no habían aprendido a trabajar el metal, así que utilizaban armas y utensilios hechos de piedra. Durante la primera etapa de la Prehistoria, llamada Paleolítico, las primeras mujeres y los primeros hombres sobrevivían alimentándose de lo que cazaban y de las plantas silvestres. Las armas y utensilios se fabricaban con piedras de sílex, que afilaban golpeándolas unas contra otras. Durante esta etapa, los primeros seres humanos encontraron soluciones para perpetuarse estableciendo reglas para la vida en común, dando inicio a lo que hoy se llama cultura.

LA UNIÓN HACE LA FUERZA

Una de las cosas que descubrieron era que se vivía mejor uniéndose en grupos, ya que de ese modo se podían repartir las tareas. Por este motivo las gentes prehistóricas crearon **comunidades** compuestas por una veintena de personas.

Los hombres se ocupaban de **ir a cazar.** Se trataba de una actividad importante, ya que de los animales, además de alimento, se obtenían los pelajes con los que fabricar y reparar la ropa y los huesos con los que crear utensilios de cocina, de costura y armas. Pero conseguir una presa no era nada fácil y a menudo regresaban con las manos vacías. Eso, si llegaban a regresar, claro.

¿Y LAS MUJERES?

Para las mujeres resultaba más difícil ir a cazar, ya que a menudo estaban encinta o tenían hijos de los que ocuparse. En aquella época aún no se sabía que los bebés nacen como consecuencia de las relaciones sexuales, y se creía que simplemente brotaban de las mujeres. Por tanto, después de dar a luz, las mujeres criaban a sus hijos junto con sus compañeras de comunidad. Esto no significaba que se quedaran de brazos cruzados: eran ellas las que conseguían entre el 70 y el 80% del alimento que todos consumían. Recogían fruta, raíces, brotes, animales pequeños como caracoles, lagartijas, y también moluscos y peces si la comunidad estaba cerca del mar.

Y, una vez conseguido el alimento, también eran las mujeres las que se ocupaban de transformar estos hallazgos no demasiado apetitosos en viandas comestibles.

Como todo lo que se sabe de la época prehistórica se ha deducido a partir de los restos arqueológicos, no es posible saber cómo se consumían los alimentos vegetales. Estos, al contrario que los de origen animal, no dejan rastro una vez pasado el tiempo. Pero se puede suponer que las bayas, semillas y raíces primero se comían desmenuzadas, y que, después del descubrimiento del fuego, se cocían para elaborar guisos. Gracias a la atención que prestaban a las plantas para dar de comer al grupo, las mujeres acabaron por conocerlas tan bien que descubrieron sus propiedades medicinales y curativas.

LAS PRIMERAS INVENTORAS

La búsqueda de alimentos para la comunidad les llevaba todo el día. Así que, para transportar cómodamente lo que habían recogido, las mujeres inventaron los sacos, una versión más rudimentaria de las bolsas que usamos hoy en día. Estos les permitían tener las manos libres, así como una mayor libertad de movimiento y capacidad de transporte.

Esta invención fue el punto de partida para las mochilas porta-bebés. Aunque las mujeres tuvieran hijos pequeños, debían seguir participando en la recolección y ocuparse de las demás criaturas. Por tanto, llevaban a los bebés en una pequeña hamaca cruzada sobre el pecho, o bien a la espalda.

Los primeros **calendarios** también debieron de ser creados por mujeres, ya que los meses duraban 28 días, igual que los ciclos lunares y las pautas de la menstruación.

REPRESENTAR EL MUNDO

En esta época, las primeras personas empezaron a expresarse de manera artística, **grabando o pintando** escenas de caza en las paredes de las cavernas en las que vivían. Al principio lo hacían para darse buena suerte, ya que pensaban que si dibujaban una victoria sobre un animal, este éxito también tendría lugar en la vida real. Más adelante estas obras dejaron de ser solamente ceremoniales y empezaron a tener un valor decorativo.

CAPÍTULO 2

EL NEOLÍTICO

DESDE EL 10000 HASTA EL 3500 A. C.

La última etapa de la Prehistoria se llama Neolítico. Se distingue porque en ella se utilizaban armas y útiles de piedra pulida en lugar de esquirlas de sílex. Además, aparecieron los primeros utensilios de terracota.

En el transcurso del Neolítico, con la constante búsqueda de alimento, las primeras personas comenzaron a viajar por el mundo.

Con el transcurso de los siglos llegaron desde el África oriental a Oriente Medio, Europa, Asia, Australia y América.

¿CAZA O CULTIVO?

Al principio siguieron alimentándose de la caza de animales que vivían en sus zonas y recogiendo las plantas que crecían allí espontáneamente. Sin embargo, en un momento dado, se dieron cuenta de que allí donde caía una semilla o un grano nacía una planta. Y ese fue el principio de **la revolución agrícola.** A fuerza de intentos, las primeras mujeres y los primeros hombres fueron conquistando las técnicas de cultivo. Se dieron cuenta de que si enterraban un poco la semilla, la planta germinaba mejor, y que la salud de esa planta mejoraba al regarla y fertilizarla con excrementos.

Disponer de cultivos significaba tener acceso fácil a más comida. También permitía acumular reservas para los momentos de escasez. Muy poco a poco, las primeras personas se las apañaron para cultivar trigo, guisantes, maíz, judías, calabazas, lentejas, avena y muchas otras cosas.

EL PAPEL DE LOS ANIMALES

Las plantas no fueron lo único que se conquistó en este periodo. Las primeras personas también aprendieron a **domesticar animales** como ovejas, cabras, cerdos, pavos, gallinas y vacas. Estos proporcionaban carne, leche y huevos, pero también abono, lana y pieles. Además, la fuerza de algunos animales podía ser de ayuda en el desarrollo de las tareas que antes solo podían realizarse a mano: el arado y el transporte de personas y objetos.

LAS REVOLUCIONES QUE TRAJO LA REVOLUCIÓN AGRÍCOLA

El cultivo del campo cambió completamente las costumbres de las primeras personas. Dejaron de ser nómadas y refugiarse en grutas, y empezaron a construir asentamientos permanentes. Se volvieron **sedentarios.**

Nacieron las herramientas como las hoces, que facilitaban la recogida del grano, y el mortero, que servía para machacarlo.

La población aumentó al no tener que enfrentarse a frecuentes y largas migraciones en busca de alimento. Las mujeres se quedaban embarazadas con mayor frecuencia, y además, ya que podían alimentar a los bebés con papillas de cereales, el cuidado y la lactancia se hicieron más breves y sencillos.

Como siempre habían hecho, las mujeres siguieron ocupándose de recoger la comida, que ya no procedía de plantas silvestres, sino de **cultivadas.** Además, se especializaron en la elaboración y preparación de todo lo que producía la tierra, como fabricar las harinas y amasar una pasta que más tarde se convertiría en nuestro pan actual.

Y LAS MUJERES Y LOS HOMBRES CREARON A LOS DIOSES

Plantar semillas y cultivar los campos significaba trabajar duro a la espera de una futura cosecha. Pero la realidad era que esos campos podían sufrir sequía, tormentas o inundaciones. Del mismo modo, los animales domésticos podían ser diezmados por epidemias o devorados por fieras salvajes. Las primeras personas sintieron la necesidad de dirigirse a figuras superiores que protegieran sus cultivos y su ganado, es decir, que cuidaran de su futuro. Comenzaron a creer en potentes **divinidades,** como la diosa de la fertilidad o el dios de la lluvia, a las que les rogaban clemencia y protección.

La primera de todas las creencias espirituales fue el culto a la Gran Madre, origen de la humanidad y portadora de **fertilidad y abundancia**. Esta figura partía de la idea de que las mujeres, al ser capaces de generar la vida, poseían una naturaleza divina.

CAPÍTULO 3

LAS CIVILIZACIONES FLUVIALES

DESDE EL 4000 A. C.

A partir del año 4000 a. C. las sociedades primitivas fueron evolucionando hasta tener estructuras políticas, económicas y sociales más complejas. Se asentaron en las riberas de grandes ríos, por eso llevan el nombre de «civilizaciones fluviales» (del latín *flumen*, que significa «río»).

LA VIDA ALREDEDOR DE LOS RÍOS

La más antigua fue la civilización mesopotámica, entre los ríos **Tigris** y **Éufrates,** en lo que actualmente se llama Oriente Medio. Poco después dio inicio la civilización egipcia, levantada alrededor del **Nilo.** Las primeras culturas chinas se desarrollaron siguiendo el **río Amarillo,** y en el valle del **río Indo** comenzaron las poblaciones que se convertirían en el actual Pakistán e India occidental.

Los grupos de mujeres y hombres consiguieron crecer y organizarse gracias a que las tierras eran muy fértiles a causa de estos grandes ríos. Los ríos se desbordaban cíclicamente, inundando los cultivos y nutriéndolos. Con el paso del tiempo, las poblaciones aprendieron a controlar esas inundaciones levantando diques y canalizando las aguas para llevar el riego hasta los cultivos más distantes.

NACIMIENTO DE LA ESCRITURA

Otra característica de las civilizaciones fluviales fue el nacimiento de sus diferentes sistemas de **escritura.**

¡ORDEN!

Para estas intervenciones hacían falta colaboración, orden y planificación. Se formaron los primeros **gobiernos,** que se volvieron más complejos y estructurados con el paso del tiempo. Como consecuencia, la población se fue dividiendo en clases sociales con grandes diferencias entre quienes ocupaban los puestos más elevados y los que estaban en estratos inferiores.

LA CIVILIZACIÓN MESOPOTÁMICA

En el transcurso de la larga historia de esta civilización se sucedieron tres pueblos: los sumerios, los asirios y los babilonios.

LA ESCRITURA Y LOS ESCRIBAS

La escritura inventada por los sumerios se llama «cuneiforme» a causa del palito con forma de cuña que utilizaban para marcar la arcilla. La escritura cobró una gran importancia y los escribas, aquellos que dominaban este arte, eran personas muy respetadas. La escritura se consideraba una noble disciplina, pero a las mujeres no se les permitía ejercerla. Tan solo los chicos de clase alta podían convertirse en escribas.

En lo alto de la pirámide social estaba el rey, de quien se pensaba que tenía una relación directa con los dioses. Debajo de él estaban los sacerdotes y las sacerdotisas. Precisamente estas fueron las primeras doctoras y dentistas.

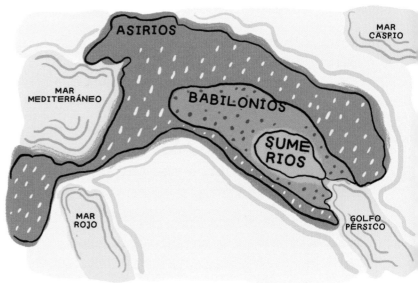

LEYES INJUSTAS

En general, mujeres y hombres tenían los mismos derechos. Aquello que realmente determinaba el destino de una mujer no era su género, sino la clase social en la que había nacido. Lo que puso un freno a las libertades civiles de las mujeres fue el **código de Hammurabi,** una de las recopilaciones de leyes más antiguas.

El rey Hammurabi estableció la «ley del talión», según la cual a quien se considerara culpable de un daño debía sufrir uno similar. Sin embargo, la aplicación de esta ley era muy diferente según la clase social y el género de las personas. El código establecía que las mujeres tenían menos valor que los hombres y que, con el matrimonio, se convertían en una posesión del marido. Si lo traicionaban, se arriesgaban a una condena a muerte.

UNA BEBIDA CON MUCHA HISTORIA

El cultivo más extendido en Mesopotamia era la cebada. Gracias a la fermentación de este cereal se inventó la cerveza, que era la bebida más popular del llamado «Creciente fértil», ya que el espacio entre los ríos tiene la forma de una luna creciente.

LAS CIVILIZACIONES DEL VALLE DEL INDO

A pesar de su gran antigüedad, de esta civilización no se sabe demasiado, ya que las primeras excavaciones arqueológicas en los asentamientos de Harappa y Mohenjo se llevaron a cabo hace poco más de un siglo, y los estudiosos aún no han conseguido descifrar su escritura.

A juzgar por la estructura de **las ciudades** descubiertas, se piensa que fueron proyectadas cuidadosamente antes de construirlas. La mayor parte de sus habitantes eran campesinos, comerciantes y artesanos. El estudio de las viviendas indica que seguramente hubiera distinciones de clase, ya que unas casas eran más grandes que otras, pero que probablemente existiera una gran igualdad social, ya que incluso las más humildes estaban dotadas de comodidades como el alcantarillado.

A los habitantes de esta civilización les gustaba la expresión artística: en las excavaciones se han encontrado más de sesenta **estatuillas de terracota,** y el hecho de que más de la mitad representen figuras femeninas hace pensar que probablemente las deidades también lo fueran.

LA BAILARINA DE MOHENJO-DARO

La pieza más famosa entre las encontradas es una estatuilla de bronce de 10 centímetros de alto. Representa a una bailarina adolescente retratada con una actitud arrogante.

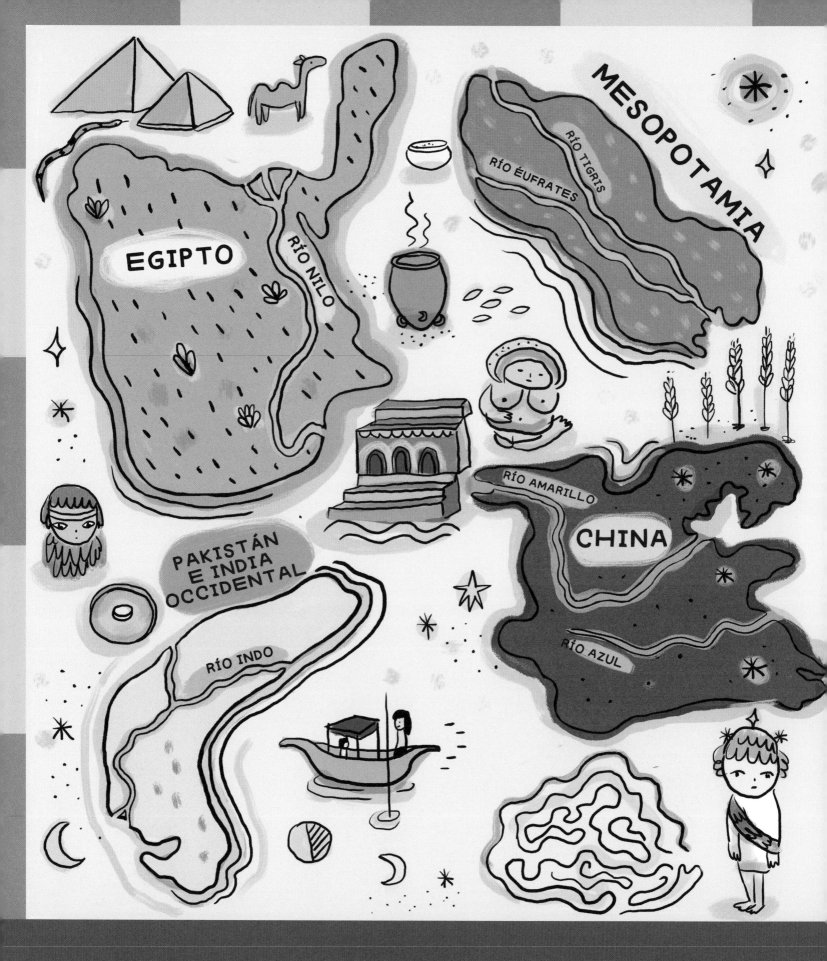

EGIPTO

MESOPOTAMIA

RÍO ÉUFRATES

RÍO TIGRIS

RÍO NILO

CHINA

RÍO AMARILLO

PAKISTÁN
E INDIA
OCCIDENTAL

RÍO AZUL

RÍO INDO

Mesopotamia, Egipto, China y la India, junto con las culturas mesoamericanas, han sido descritas como «la cuna de la civilización». En estos lugares, a finales del Neolítico, nacieron las primeras civilizaciones humanas, que se desarrollaron de manera completamente autónoma las unas respecto a las otras.

LAS CIVILIZACIONES DEL RÍO AMARILLO

Tampoco se sabe demasiado acerca de las diferencias de roles de género en esta cultura. Sin embargo, los hallazgos sugieren que, al menos en sus inicios, se trataba de una de **las primeras sociedades matriarcales** de la historia, en la que las mujeres dirigían la clase sacerdotal. Más adelante el acceso a la formación religiosa solo se les permitió a los hombres, y las mujeres quedaron relegadas a las tareas domésticas.

La división social se acrecentó con el desarrollo de la escritura, a partir del 1600 a. C. Esta dividió a la población en una clase superior, capaz de leer, y una inferior, analfabeta.

LOS PEINADOS

La diferencia entre clases sociales se manifestaba en el peinado.

Como el pelo no debía cortarse como muestra de respeto a los antepasados, las mujeres nobles se recogían el moño con horquillas elaboradas, mientras que las más pobres simplemente se lo anudaban o ataban con una cuerda.

CAPÍTULO 4

LA CIVILIZACIÓN EGIPCIA

DESDE EL 3900 A. C. HASTA EL 332 D. C.

El corazón alrededor del cual se desarrolló la próspera civilización egipcia, una de las más importantes en la historia de la humanidad, era el río Nilo. Este se inundaba cada año y fertilizaba las tierras a su alrededor.

LA BASE Y LA CIMA DE LA PIRÁMIDE

En la cima de la pirámide social estaba el rey, llamado «faraón», considerado el elegido de los dioses para gobernar al pueblo. Llevaba una vida de lujos y comodidades, como todos los que tenían la suerte de vivir en la corte. El escalón más bajo lo ocupaban los campesinos que trabajaban tierras de otros.

Los escribas, maestros en las artes de la escritura, estaban muy bien considerados. Las mujeres podían ser escribas, y también dedicarse a la medicina o convertirse en sacerdotisas.

LAS FARAONAS

Las mujeres disponían de una gran libertad y compartían con sus maridos derechos y obligaciones. El rol de la mujer en la sociedad reflejaba aquello que sucedía en lo más alto del gobierno, ya que mientras el faraón era un niño quien gobernaba era su madre. El Antiguo Egipto fue gobernado, al menos, por cuatro mujeres, siendo las más conocidas **Hatshepsut** y **Cleopatra VII.**

LAS CLASES SOCIALES

La vida de las mujeres era muy diferente según su clase social. Las que tenían buena situación se ocupaban del cuidado de los niños y de supervisar el trabajo de los esclavos, mientras que las campesinas debían hacerse cargo de la casa, los animales, la familia, y ayudar a los hombres en las tareas del campo.

El matrimonio no tenía carácter religioso y se consideraba un contrato. En la mayor parte de los casos, los padres buscaban las parejas para sus hijos entre los 12 y los 15 años. Dentro de la misma clase social, esposa y marido tenían los mismos derechos y responsabilidades, y la mujer conservaba el control de sus propios bienes.

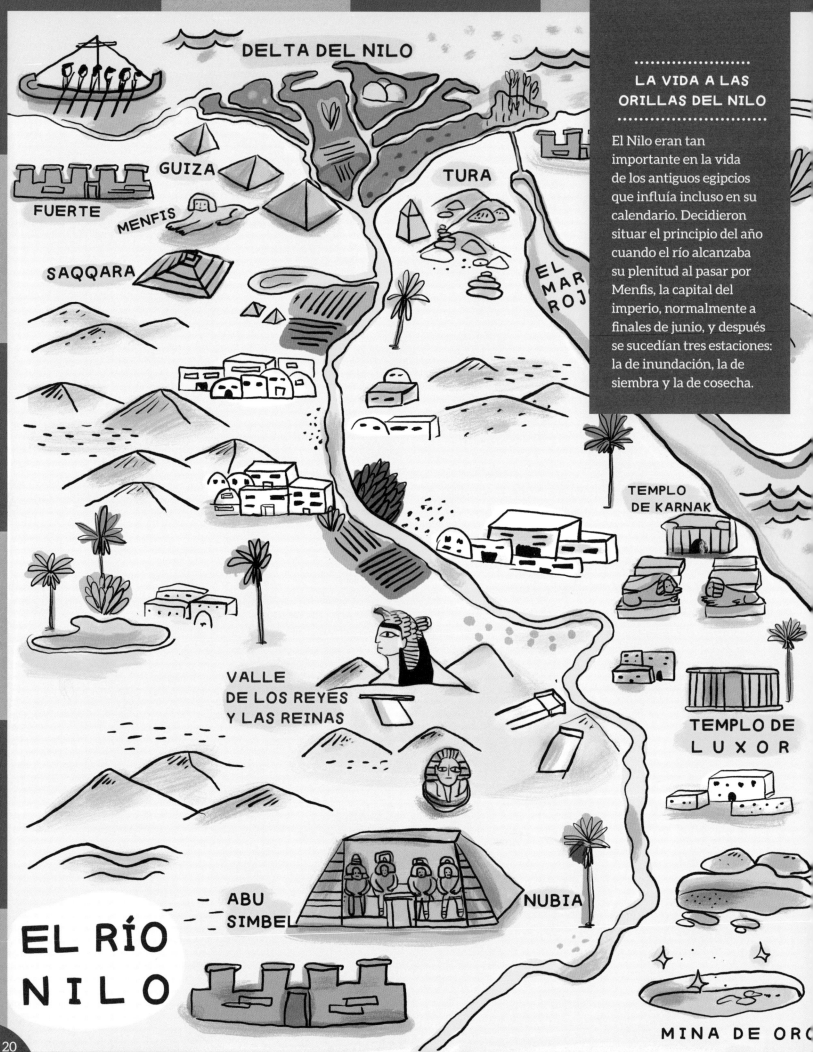

DELTA DEL NILO

FUERTE

GUIZA

MENFIS

SAQQARA

TURA

EL MAR ROJO

El Nilo eran tan importante en la vida de los antiguos egipcios que influía incluso en su calendario. Decidieron situar el principio del año cuando el río alcanzaba su plenitud al pasar por Menfis, la capital del imperio, normalmente a finales de junio, y después se sucedían tres estaciones: la de inundación, la de siembra y la de cosecha.

TEMPLO DE KARNAK

VALLE DE LOS REYES Y LAS REINAS

TEMPLO DE LUXOR

ABU SIMBEL

NUBIA

EL RÍO NILO

MINA DE ORO

LA MODA EGIPCIA

Las mujeres llevaban vestidos largos hasta los tobillos, mientras que los hombres vestían falda y amplias casacas. Normalmente iban descalzos, siendo las sandalias de uso ocasional. A los antiguos egipcios les importaba mucho la higiene personal: se lavaban a menudo y se rapaban el pelo para evitar tener piojos. En ocasiones formales, llevaban pelucas. Tanto los hombres como las mujeres utilizaban cosméticos y perfumes, y se pintaban los ojos con un maquillaje negro llamado «kajal».

LA VIDA DESPUÉS DE LA MUERTE

La vida terrenal estaba considerada tan solo como una parte de la existencia, que era eterna y continuaba después de la muerte. Por eso era tan importante el momento de la sepultura. Los cadáveres de los difuntos se lavaban y se conservaban con la técnica de la momificación. Después se colocaban en sarcófagos y se los enterraba con los objetos que podrían serles útiles en el más allá. Las tumbas variaban según la clase social, desde las más modestas a las grandiosas de los monarcas: las pirámides.

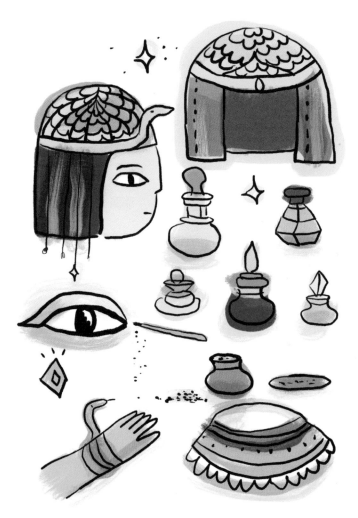

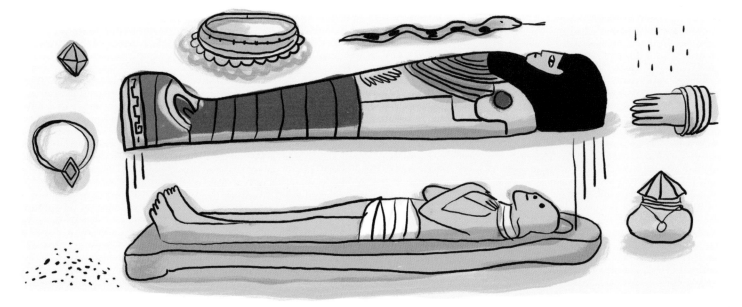

LA PRIMERA MUJER CIENTÍFICA

Se cuenta que Agnodice, la primera mujer doctora, se marchó de Atenas porque a las mujeres y esclavos se les impedía estudiar medicina, y se dirigió a Alejandría, en Egipto, para aprender. Cuando regresó a Grecia ejerció la profesión disfrazándose de hombre.

CAPÍTULO 5

LA ANTIGUA GRECIA

DESDE EL 1200 A. C. HASTA EL 146 A. C.

Entre los años 1000 a. C. y 146 a. C. en Grecia floreció una civilización innovadora que sirvió de inspiración a las culturas occidentales posteriores. En arquitectura, una de sus invenciones más famosas, en arquitectura, la podemos admirar incluso hoy en día: **la columna.** Muchas de las columnas griegas originales todavía permanecen en pie, a pesar del paso de los siglos y de los desastres naturales.

En el arte, las mayores contribuciones se produjeron en la escultura. La figura humana, que hasta ese momento, se había representado con rigidez, adquirió movimiento. También debemos a la Antigua Grecia la importantísima invención de **la democracia,** una forma de gobierno en la que los ciudadanos pueden escoger quién les gobierna y valorar su mandato.

DIVERSIDAD DE DERECHOS

El sexo privilegiado era el masculino, y había diferencias según la clase social, que tenía a los nobles en el escalón superior y a los esclavos en el más bajo. Entre hombres y mujeres existía una gran disparidad de derechos: estas no podían vivir ni moverse libremente y estaban por completo excluidas de la democracia; no tenían, por tanto, derecho a voto ni a la propiedad, ni siquiera podían recibir herencias.

Las mujeres privilegiadas vivían en el **gineceo,** un piso de la casa completamente dedicado a ellas. Sus salidas eran muy escasas y su tiempo se empleaba en la gestión del servicio doméstico y el cuidado de los hijos, mientras tocaban música y tejían. Las mujeres de clases sociales inferiores se ocupaban de la casa o tenían trabajos fuera de ella. Muy pocas, y solo si pertenecían a las familias más ricas, sabían leer y escribir.

EL MATRIMONIO

El matrimonio, normalmente, lo decidía el padre de la chica. Entonces esta pasaba del control paterno a estar tutelada por el marido, quien administraba su dote. El marido podía dar por terminado el matrimonio en cualquier momento sin ofrecer explicaciones, en cuyo caso la chica era devuelta al hogar de sus padres junto con la dote. También podía suceder que el padre de la novia la solicitara de vuelta, por lo general para concedérsela a un hombre más rico, pero solo si no existían hijos del primer matrimonio.

DIFERENTES CIUDADES, DIFERENTES DESTINOS

La Antigua Grecia estaba compuesta por diferentes ciudades estado, llamadas «polis». En las ciudades, excepto en Atenas, las mujeres tenían una mayor independencia. Las nacidas en **Esparta,** por ejemplo, crecían con libertad, recibían educación pública y se las entrenaba en las actividades físicas igual que sus compañeros. Se pensaba que una mujer atlética daría a luz hijos más sanos.

ARTEMISA, DIOSA DE LA FERTILIDAD

Unos días antes de la boda, la novia, que solía tener entre trece y quince años, participaba en una ceremonia en la que consagraba sus muñecas a la diosa Artemisa. Según se pensaba, esta se encargaba de la fertilidad de las mujeres.

NI ATLETAS NI ESPECTADORAS: LAS OLIMPIADAS

La primera edición de la competición deportiva más famosa del mundo se organizó en honor del dios Zeus durante el mes de julio del año 776 a. C. en la ciudad de Olimpia. Desde ese momento, las olimpiadas de la Antigüedad tuvieron lugar cada cuatro años. Cobraron tanta importancia que, incluso en caso de guerra, los países implicados respetaban una tregua para permitir a los atletas y los espectadores que asistieran a ellas.

Las competiciones tan solo **se les permitían a los hombres,** y aunque las niñas y las jóvenes solteras podían asistir como espectadoras, las mujeres casadas tenían prohibido tanto competir como asistir a las olimpiadas, bajo pena de muerte. La única excepción fue la de Calipatira, una atleta de Rodas que, tras entrenar a su hijo, se disfrazó de hombre para poder entrar en el estadio.

Sin embargo, tras la victoria de su hijo, Calipatira se dejó llevar por el entusiasmo se desprendió de los ropajes, revelando su verdadera identidad. A partir de aquella edición, los entrenadores se vieron obligados a asistir desnudos a las competiciones para evitar lo sucedido con Calipatira.

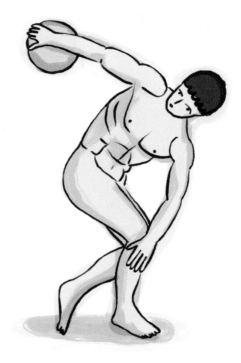

La primera mujer que salió victoriosa de una competición, en el año 396 a. C., fue la noble espartana **Cinisca.** Esto fue posible porque el reglamento de las carreras hípicas permitía una excepción: si bien el que conducía el carro debía ser un hombre, quien pagaba el carro y entrenaba a los caballos, considerado el verdadero participante, sí que podía ser mujer. De esta manera pudo inscribirse Cinisca, que ganó la prestigiosa carrera de carros con cuatro caballos tanto en aquella edición como en la siguiente, el 392 a. C.
Las mujeres solo pudieron participar de forma oficial en las olimpiadas **a partir de 1900.**

HERA

ATENEA

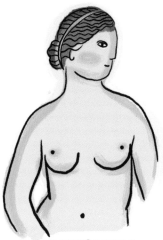

AFRODITA

ARTEMISA

DIOSAS Y DIOSES

La cultura griega era politeísta, es decir, creía en la existencia de múltiples diosas y dioses que, según la tradición, vivían en la cima del monte Olimpo. Las divinidades griegas tenían sentimientos y pulsiones de lo más terrenales. Aunque la última palabra siempre la tuviera Zeus, el rey del Olimpo, la mitología griega contiene numerosas figuras femeninas fuertes e importantes, y en la vida religiosa las diosas eran tan veneradas como los dioses. Entre las diosas más importantes se encuentran Hera, la esposa, a menudo traicionada, de Zeus, y diosa del matrimonio; Atenea, la hija predilecta de Zeus y diosa de la sabiduría, de las artes y de la guerra; Afrodita, diosa del amor, y Artemisa, diosa de la caza. Es decir, que en el Olimpo había menos estereotipos de género que en la tierra.

LA VIDA RELIGIOSA

A las mujeres se les permitía participar activamente en la vida religiosa. Cada año, en Atenas tenían lugar las Tesmoforias, unas fiestas que duraban tres días en honor de la diosa Deméter y de su hija Perséfone. En estas celebraciones solo podían participar las mujeres casadas con un ateniense, y no se admitían hombres.

Convertirse en **sacerdotisa** era una oportunidad para obtener independencia y autoridad. La sacerdotisa más famosa entre todas era la que daba voz a las profecías del dios Apolo en el templo dedicado a este en la ciudad de Delfos, y se conocía como la **Pitia.** La gente peregrinaba a Delfos desde toda Grecia para consultar el oráculo, y la Pitia era una de las mujeres más poderosas del país porque sus respuestas enigmáticas determinaban importantes decisiones políticas e incluso estrategias militares.

OLIMPO

DELFOS

MAR MEDITERRÁNEO

OLIMPIA

ESPARTA

LA HOSPITALIDAD
GRIEGA

El término «*filoxenia*» significa, literalmente, «amor hacia los extraños», y se refiere a la hospitalidad que los antiguos griegos reservaban a cualquier extranjera o extranjero que llegara a sus costas. A menudo supervivientes de naufragios, vestían y alimentaban a estas personas como si fueran sus amigos y amigas más queridos.

TROYA

TEBAS

LESBOS

ÉFESO

ATENAS

ISLAS

MILETO

CÍCLADAS

CRETA

RODAS

Solo después de esta acogida se les preguntaba su nombre
y lugar de procedencia, y mediante regalos se establecían
vínculos que a menudo se mantenían generación tras
generación.

el imperio ROMANO

DESDE EL 753 A. C. HASTA EL 476 D. C.

Cuenta la leyenda que Roma fue fundada
por los hermanos Rómulo y Remo sobre las siete colinas
bañadas por el río Tíber en el año 753 a. C. La ciudad
estaría destinada a convertirse, con el paso de los siglos, en
un imperio que se extendería por Europa, Asia y África.
A lo largo de sus 1229 años experimentó varias formas de
gobierno: la monarquía, la república y el imperio.
«Roma no se construyó en un día» es una expresión
que da idea de lo largo que fue el periodo que transformó
uno de los muchos asentamientos de la península itálica
en el imperio más poderoso del mundo.
La civilización romana recibió ila inspiración de los
griegos en la cultura, en el arte y en la religión.
Para los romanos, el dios más poderoso era un hombre.
Esa creencia contribuyó a popularizar la convicción de
que lo masculino, representado por el dios Júpiter,
era superior a lo femenino.

LA VIDA EN ROMA: PATRICIOS, PLEBEYOS Y ESCLAVOS

La sociedad romana se dividía en patricios y plebeyos. Los primeros eran los ricos descendientes de las familias que se instalaron originalmente en la zona, ocupando las mejores tierras. Los segundos eran los que llegaron más tarde, y se encargaban de la agricultura, la ganadería y el comercio. Tan solo los patricios podían formar parte del Senado, que, durante la monarquía, tenía la función de escoger al rey.

En lo más bajo de la escala social estaban los esclavos, que se ocupaban de todas las tareas que el amo no quería realizar. **Las esclavas** cuidaban a los niños, limpiaban la casa y asistían a la dueña, también llamada «matrona», en el baño y la vestimenta.

CUIDADO CORPORAL

En la Antigua Roma el cuidado del cuerpo era una actividad fundamental. Las termas se convirtieron en un lugar de socialización en el que podían tomarse baños calientes, recibir masajes con aceites perfumados y practicar ejercicio físico. Había horarios distintos para los hombres y las mujeres.

En estos lugares, las mujeres tenían **peluquerías** en las que arreglarse las pelucas o teñirse el cabello con zumo de limón, cenizas y henna. Se aplicaban **máscaras de belleza** de miel y legumbres, que se ponían sobre el rostro antes del maquillaje. Popea, la esposa del emperador Nerón, se hizo famosa por sus baños de leche de burra, que servían para suavizar la piel.

Según la mitología, tras la fundación de Roma, Rómulo trató de establecer alianzas con las poblaciones cercanas para conseguir mujeres con las cuales poblar la nueva ciudad. Como no lo consiguió, llevó a cabo su objetivo mediante la fuerza y aprovechó las Consualia, unos juegos en honor del dios Conso, para secuestrar a centenares de mujeres. Entre ellas estaba Ersilia, quien se convertiría en esposa del propio Rómulo y tendría un papel fundamental en el posterior enfrentamiento entre romanos y sabinos.

La patria potestad es
el poder que el padre
(o el hombre de mayor
edad de la casa, llamado
«paterfamilias») ejercía
sobre la esposa, las hijas
y los hijos. El padre
podía decidir si acoger o
rechazar a los hijos e hijas
que acababan de nacer.
Los bebés abandonados
solían ser recogidos
por traficantes que los
condenaban a un destino
de esclavitud. Las niñas
no solo tenían menos
probabilidades de ser
acogidas en la familia, sino
que cuando eso sucedía ni
siquiera tenían derecho a
un nombre propio. Eran
llamadas con la versión
femenina del nombre
del padre, por ejemplo,
«Adriana» si el padre se
llamaba «Adriano».

LAS MUJERES EN ROMA

En la sociedad romana las mujeres dependían en todo y para todo del hombre que representaba sus intereses. No detentaban poder, no participaban en la vida pública ni se les permitía ejercer la política.

Si pertenecían a las clases sociales más elevadas, podían salir a hacer compras y recados, pero solo si iban acompañadas. No podían hacer vida en el exterior. Sin embargo, las de origen humilde no tenían más remedio que hacerla, ya que debían trabajar para sobrevivir. Normalmente eran campesinas, vendedoras en el mercado, artesanas, parteras o enfermeras. Algunas de ellas gestionaban o ayudaban en la gestión de pequeñas actividades comerciales y sabían leer y escribir.

Esto no significaba que pudieran librarse del trabajo familiar y doméstico.

Con el tiempo, las mujeres romanas adquirieron una mayor libertad, y en las últimas fases de la República obtuvieron el derecho a la propiedad privada y al divorcio, aunque seguían estando básicamente bajo el control del padre o del esposo.

ESPOSAS Y MADRES

Dentro de la familia, quien gozaba de un mayor privilegio era el primogénito masculino, y también era quien heredaba el empleo del padre. Las niñas, desde la más tierna infancia, eran educadas para convertirse en esposas y madres. Como la esperanza de vida estaba alrededor de los treinta años, la gente se casaba muy pronto, y las novias eran poco más que niñas. La familia de la novia aportaba la dote, que podía incluir artículos de higiene personal, ropa y joyas, todo lo que la ayudara a mantener un aspecto hermoso; pero también podía estar acompañada de tierras y esclavos. La dote era considerada propiedad de la mujer, de modo que en caso de divorcio, regresaba a su familia.

El matrimonio lo pactaban los padres, y la ceremonia en que la muchacha era prometida se llamaba «*sponsalia*». En ella, la futura esposa recibía un anillo que se ponía en el dedo anular de la mano izquierda, ya que los romanos pensaban que de ese dedo partía un nervio que llegaba hasta el corazón. Por eso la alianza nupcial se sigue llevando en ese dedo.

LA EXCEPCIÓN DE LAS VESTALES

Para la ley romana, las mujeres, incluso las mayores, debían estar bajo la tutela de un hombre. Pero existía una excepción: las vestales, las únicas sacerdotisas de Roma, que eran devotas de Vesta, la diosa del hogar. Las vestales eran seis y las escogía el pontífice máximo entre las niñas nobles de 6 a 10 años de edad. Permanecían en el puesto durante treinta años. La tarea de las vestales consistía en mantener siempre encendido el fuego sagrado del templo de Vesta, del cual se pensaba que dependía la suerte de la ciudad. Por tanto, las vestales eran las responsables del bienestar de los ciudadanos de Roma. Gozaban del privilegio de poder salir solas sin el control de un hombre, gestionar sus propiedades y hacer testamento.

SALIR A LA CALLE

En el año 215 a. C. se promulgó la Ley Opia, que obligaba a las mujeres a moderar su manera de vestir. Dejaron de poder llevar ropas llamativas y disfrutar de otros lujos, como el transporte en carrozas. El objetivo de esta norma era promover una vida más humilde y evitar los despilfarros en un momento difícil para Roma, que estaba envuelta en las guerras púnicas. Sin embargo, veinte años después de que terminaran los conflictos la ley seguía vigente, así que las mujeres salieron a la calle para protestar y consiguieron que se cancelara.

CAPÍTULO 7

CIVILIZACIONES MESOAMERICANAS

DESDE EL 3000 A. C. HASTA EL 1492 D. C.

Mientras en Europa nacían y se desarrollaban el Imperio griego y el romano, en la parte central y el sur de América también se formaron civilizaciones con una estructura política y económica compleja. Con la llegada al continente americano del navegante y explorador Cristóbal Colón, en 1492, en poco tiempo los europeos sometieron a las poblaciones indígenas, y conquistaron sus tierras, transformándolas en colonias. Las tres civilizaciones más importantes eran **la azteca, la maya y la inca.**

CRISTÓBAL COLÓN

PORTADORAS DE VIDA...

A pesar de que su papel solía estar subordinado al que ocupaban los hombres, a las mujeres se las tenía en gran consideración en tanto que portadoras de algo único: la vida. Una mujer que soportaba el gran esfuerzo físico de un embarazo y que se enfrentaba a los dolores del parto era tan digna de respeto como un hombre que se iba a la guerra. En la cultura azteca, las mujeres fallecidas durante el parto eran consideradas guerreras caídas en batalla y veneradas como diosas.

... Y GRANDES TRABAJADORAS

En la vida diaria la mujer también tenía un papel fundamental: si a los hombres se les reservaban la caza y el trabajo del campo, las mujeres se ocupaban de la casa, del cuidado del huerto y de los animales. Además se encargaban de la cerámica, confeccionando los recipientes para cocinar y servir la comida, y tejían sus propias vestimentas.

Las mujeres de las civilizaciones mesoamericanas gozaban de mayores derechos en comparación con las europeas del mismo periodo. Tras los primeros años, en los que aprendían de sus madres, las niñas podían seguir adquiriendo conocimientos en escuelas de verdad. Se les permitía realizar algunas profesiones fuera de casa. Lo más habitual era ser sanadora o cuidadora. Para ello aprendían rituales en los que se mezclaba la magia con el conocimiento de la naturaleza.

K'ABEL, PODEROSA GUERRERA

Los vértices de estas sociedades solían estar ocupados por hombres, pero las mujeres podían ejercer el poder político si eran esposas o viudas de reyes o emperadores, o bien madres de líderes demasiado jóvenes como para hacerse cargo del puesto. Tenemos como ejemplo a la poderosa guerrera maya K'abel, quien, en el siglo VII d.C. gobernó el reino de Wak, en el norte de la actual Guatemala. K'abel era la esposa del rey K'inich Bahlam, pero además tenía el título de *kaloomté*, es decir, «guerrera suprema», y como tal detentaba el poder militar y era la autoridad más elevada en la casa imperial del Rey Serpiente maya.

33

IX CHEL, DIOSA MAYA DE LA LUNA

Muchas de las divinidades más poderosas tenían rasgos de mujer. Un ejemplo sería Ix Chel, diosa de la obstetricia y la medicina venerada por los mayas. Representada como una anciana con orejas de jaguar, fue inmortalizada en numerosos vasos de la época atendiendo un parto. En la isla de Cozumel había un santuario dedicado a ella donde acudían las mujeres que deseaban un matrimonio feliz o la concepción de un hijo.

LAS SACERDOTISAS DEL SOL

Entre los mayas, los incas y los aztecas se reservaba una gran consideración a las sacerdotisas que administraban los lugares sagrados. En la cultura inca la suprema sacerdotisa, llamada Coya Pasca, era considerada como la esposa terrenal del dios Inti, el sol.

La Coya Pasca también se ocupaba de supervisar a las Vírgenes del Sol, niñas de origen humilde que eran seleccionadas, entre los ocho y los diez años, por su belleza y talento, y recluidas en el templo durante seis o siete años. A partir de ese momento, después de realizar un voto de castidad, asistían a las sacerdotisas con los fuegos sagrados y las ceremonias. Algunas de estas muchachas se convertían después en esposas de hombres nobles, y otras eran sacrificadas durante los rituales.

EL MATRIMONIO

En estas sociedades la mayor parte de los matrimonios no se producían por amor, sino por pactos entre los padres. Entre los mayas una chica sin hermanos no podía heredar los bienes de sus padres, así que debía abandonar su hogar familiar inmediatamente después de casarse para irse con los padres del marido, a los cuales se les permitía pegarle o incluso negarle la comida. Tan solo cuando nacía el primer hijo la joven pareja recibía, como regalo del pueblo, una parcela de tierra en la que construirse una casa. Tanto la esposa como el marido conservaban sus apellidos y los hijos llevaban ambos, para mantener ambas descendencias.

Los matrimonios aztecas solían concertarse con ayuda de una mujer anciana, que hacía de intermediaria. Ella misma llevaba a su espalda a la novia, después de la boda, desde la casa de sus padres a la de su nueva familia. Una vez convertida en madre, la mujer podía tomar decisiones respecto a la educación de los hijos, y en caso de divorcio, tenía derecho a la mitad de los bienes conseguidos junto a su esposo.

En la civilización inca el gobernante del pueblo era quien escogía quienes debían casarse. Si una chica tenía más de un pretendiente, los padres de estos tenían que convencer a los padres de la muchacha de que su hijo era el mejor candidato. Después de un par de años de convivencia, tanto la mujer como el hombre podían decidir si dejar la relación o seguir juntos.

EL DIVORCIO EN TIEMPOS DE LOS AZTECAS

La cultura azteca tenía prevista la posibilidad del divorcio desde sus primeros tiempos. Tanto los hombres como las mujeres podían solicitar la separación alegando incompatibilidad, infertilidad, violencia o deudas, y tanto unos como otras podían volver a casarse. Cuando una pareja se separaba, los hijos varones se iban a vivir con el padre y las chicas se quedaban con la madre.

CAPÍTULO 8

LA EDAD MEDIA

DESDE EL 476 D. C. HASTA EL 1492 D. C.

La Edad Media, o Medioevo, como su propio nombre indica, está a caballo entre la Edad Antigua y la Edad Moderna. La Antigüedad finalizó con la caída del Imperio romano de Occidente, y la Modernidad dio comienzo cuando Cristóbal Colón, con intención de alcanzar las Indias, llegó a un continente desconocido hasta entonces por las personas de Europa: América. En la **Alta Edad Media** (476-1000) las poblaciones germánicas, hunas y eslavas del norte conquistaron los territorios del Imperio romano. Fue un periodo difícil para la gente, que no solo tuvo que enfrentarse a una invasión, sino a desnutrición y enfermedades. En la **Baja Edad Media** (1000-1492) la situación empezó a mejorar gracias a los avances de la ciencia y de la tecnología y a las aportaciones del arte y la cultura. Cuando Carlomagno subió al trono en el año 800 se extendió la costumbre por parte del emperador de conceder terrenos, llamados «**feudos**», a los hombres que le habían ayudado en las batallas. Estas tierras no eran un regalo sino una concesión y, a la muerte del señor feudal, volvían a ser propiedad del emperador. El señor feudal alquilaba a los campesinos las tierras que siempre habían cultivado, controlando todos los aspectos de sus vidas.

LA INFLUENCIA DE LA IGLESIA

Durante la Edad Media el poder de la **Iglesia** creció enormemente, hasta igualar el del propio emperador. Esto tuvo un efecto directo sobre la vida del pueblo, en especial con la institución del matrimonio, que permitía que un hombre y una mujer decidieran libremente pasar juntos sus vidas. Sin embargo, las cosas eran diferentes en la práctica, en particular para las mujeres de la nobleza y de la recién aparecida **burguesía,** una clase acomodada de comerciantes y artesanos. En estos casos eran las familias quienes elegían un esposo para las muchachas cuando aún eran niñas y no podían expresar su voluntad.

EL AJUAR

Si en el pasado las telas preciosas habían sido una mercancía escasa, durante la Edad Media empezaron a circular más, e incluso la burguesía podía permitirse «ropajes reales». La vestimenta recargada, que anteriormente había sido exclusiva de la nobleza cortesana, se difundió a otras clases sociales. Aparecieron **las modas,** que se expresaron en multitud de estilos. Empezó la costumbre de dotar a las futuras esposas de un lote de **ropa de casa, vestidos y joyas**, que poco a poco fue sustituyendo a la dote monetaria. En las familias nobles y burguesas estos bienes tenían como objetivo representar la riqueza de la familia de la esposa.

¿Y EL AMOR?

La suerte de las viudas era ligeramente mejor, ya que en las segundas nupcias tampoco podían decidir con libertad con quién casarse, pero sí que podían escoger entre varios pretendientes.

Para las clases más pobres, el matrimonio no era una manera de establecer alianzas económicas entre las familias. Las uniones solían producirse a una edad más avanzada, entre una chica y un chico con menor diferencia de edad, y con frecuencia se permitía a los novios escogerse entre sí.

En el Medievo el **amor** se consideraba, en el mejor de los casos, una conquista que llegaba después de compartir años de vida, y no el motivo por el cual una mujer y un hombre decidían casarse.

UNA NUEVA OPORTUNIDAD

La influencia, cada vez mayor, de la Iglesia, y el surgimiento de conventos y monasterios ofrecieron una alternativa a las mujeres que no querían casarse. Al convertirse en monjas, en lugar de ser esposas y madres, las mujeres podían dedicarse al estudio y encargarse de conservar y copiar libros a mano. Antes de la imprenta, esta era la única manera de permitir la difusión de los textos. Una vez más, la oportunidad de cultivarse solo se les ofrecía a las mujeres privilegiadas, mientras que aquellas del pueblo llano debían aceptar una condición subalterna.

ARTESANAS, MERCADERAS Y GINECÓLOGAS

En la Edad Media empezaron a producirse muchos más objetos, y eso llevó a un cambio en el papel de las mujeres de las clases menos acomodadas y de la pequeña burguesía. Además de ocuparse de la casa y de los hijos, a menudo las mujeres **debían contribuir a las finanzas familiares.** Este era el caso de las esposas de los artesanos, que ayudaban a sus maridos, o las de los campesinos, que salían de casa para hacer de jornaleras.

Muchas mujeres se dedicaron al comercio y eran llamadas «**mercaderas**». Las de origen humilde y las de lugares menos poblados solían comerciar con alimentos u objetos de uso cotidiano. Sin embargo, en las grandes ciudades, las mujeres con la suerte de estudiar podían dedicarse a comercios más preciados e incluso unirse a **gremios,** asociaciones de personas con el mismo empleo. Las mujeres nobles y burguesas incluso podían sustituir a su marido o a su padre en la gestión y venta de propiedades, tiendas y actividades comerciales.

¿QUIÉNES ERAN LAS BEGUINAS?

A finales del siglo XII, algunas mujeres solteras o viudas en condiciones de pobreza decidieron formar comunidades. Así nació el movimiento de las beguinas. Comenzó en Bélgica y se extendió por toda Europa, donde fue consiguiendo cada vez más integrantes.

Un sector dominado por las mujeres era el de la **obstetricia** y la **ginecología**, ya que los hombres, por motivos morales, no podían dedicarse a ello. Del mismo modo que sucedía entre artesanos y aprendices, las parteras también transmitían sus conocimientos a sus jóvenes ayudantes mediante la práctica.

A finales de la Edad Media, sin embargo, las libertades de las que habían gozado las mujeres empezaron a disminuir. Preocupados por la competencia femenina, los hombres profesionales consiguieron expulsarlas de los gremios. La práctica de la medicina se restringió únicamente a quienes recibían un título, y solo los hombres tenían acceso a la universidad.

TROTULA DE RUGGIERO

Trotula de Ruggiero era una mujer noble que vivió en Salerno en el siglo XI. Fue la primera ginecóloga de Europa y Maestra de la Escuela Médica Salernitana, la única que admitía mujeres tanto en el profesorado como en el alumnado. Se las llamaba «*Mulieres Salernitanae*», y a Trotula se le atribuye el primer tratado de ginecología y obstetricia de la historia.

Se trataba de mujeres que se cuidaban unas a otras y llevaban **una vida espiritual y de sororidad**, aunque no eran monjas, ya que un convento les habría impuesto los votos y la clausura. Las beguinas podían casarse y regresar a su vida anterior en cualquier momento. Para mantenerse económicamente, llevaban a cabo diferentes labores para la comunidad: eran enfermeras y profesoras de música, arte y literatura para los hijos de los burgueses.

CAPÍTULO 9

EL PRINCIPIO DE LA EDAD MODERNA

La Edad Moderna estuvo caracterizada por una ampliación de los límites, tanto los geográficos, en el caso de los Estados, como los mentales, en el de las personas.

Al contar con barcos más seguros, los grandes imperios europeos enviaron exploradores para conocer nuevos territorios y establecer rutas comerciales, algo que tuvo consecuencias para toda la sociedad.

Tras haber vivido, durante siglos, con unas creencias religiosas que determinaban todos los aspectos de la vida, las personas empezaron a centrarse en el ser humano y en el mundo que lo rodeaba. Los pintores, músicos, filósofos y poetas de aquella época, las personas llamadas «humanistas», redescubrieron las civilizaciones griega y romana y recuperaron sus ideas con tanto entusiasmo que quienes lo han estudiado después describen este periodo como «Renacimiento». Durante estos años el astrónomo Nicolás Copérnico se dio cuenta de que la Tierra giraba alrededor del Sol, cuestionando a la Iglesia católica, que siempre había defendido lo contrario.

LA IMPRENTA

A inicios de la Edad Moderna también tuvo lugar **la invención de la imprenta de tipos móviles** en Alemania por parte de Johannes Gutenberg. Una revolución para el continente europeo, que no sabía que en China llevaba cuatro siglos funcionando, aunque sin los tipos móviles. Gracias a pequeños sellos, uno por cada letra del alfabeto, que se combinaban para componer las páginas, los libros empezaron a circular como nunca lo habían hecho. Por primera vez se convirtieron en accesibles para gente de todas las clases sociales, y no solo para las más ricas.

ESCUELA PARA MUJERES

Las nuevas ideas renacentistas convencieron a muchas familias para invertir en la educación de sus hijas, a pesar de que el rol que se esperaba de estas seguía siendo el de esposas y madres devotas. La mayor parte de las chicas nobles o de clase media-alta estudiaban en casa, pero en este periodo también nacieron **los colegios femeninos.** Las asignaturas variaban según las clases sociales. A todas se les enseñaba a leer, pero solo las familias más prestigiosas solicitaban que aprendieran a escribir y a hacer cuentas (habilidades necesarias para gestionar la economía familiar) y que se les enseñaran **literatura, arte, música, ciencias y filosofía.**

La costura era otro aprendizaje que todas las muchachas realizaban, pero su nivel de complejidad variaba según la clase social. A las chicas de nivel socioeconómico bajo se les enseñaban los fundamentos del tejido, la costura y el punto, pero las privilegiadas aprendían técnicas de bordado más elaboradas. Mientras las chicas cosían, alguien les leía textos edificantes, como la Biblia, hasta que en el siglo XVII a estas lecturas se les añadieron colecciones de recetas y novelas.

nouos adiesse pyloo

PODER EN FEMENINO

En algunas situaciones, los cambios radicales que sacudían la sociedad y la cultura permitieron que figuras femeninas ocuparan **roles de poder** o, al menos, de prestigio. Era el caso de las mecenas, mujeres nobles que posibilitaban que los artistas dieran lo mejor de sí al acogerlos en sus cortes y mantenerlos económicamente.

El ejercicio de la caridad cristiana también podía proporcionarle a una mujer la autoridad que no tenía dentro de la familia. En aquella época nacieron numerosas instituciones que tenían como objetivo ayudar a los más necesitados y en las que las mujeres participaban en varios niveles. Las aristócratas las dirigían, las burguesas se ocupaban de conseguir donaciones y las más pobres contribuían con su trabajo.

ASISTENTAS Y TABERNERAS

La profesión más difundida entre las mujeres de las ciudades era el de **asistenta doméstica**. Muchas adolescentes llegadas del campo podían, de ese modo, aprender a encargarse de una casa, tener un lugar en que vivir y ahorrar lo suficiente para casarse.

El aumento de las actividades ligadas al comercio también creó puestos de trabajo femeninos en el sector de la hostelería, y muchas se convirtieron en **posaderas y taberneras**.

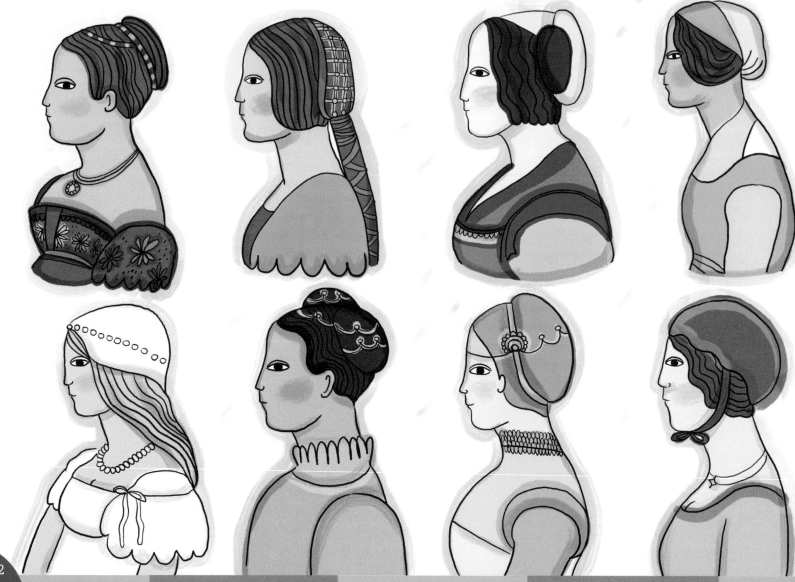

LAS MADRES PEREGRINAS

Normalmente, cuando se habla de las primeras personas que salieron de Europa para colonizar el continente americano, se habla de «padres peregrinos», olvidando que junto a aquellos hombres también había esposas e hijas. Para estas mujeres su llegada al Nuevo Mundo representó la posibilidad de **contribuir a la construcción de una nueva sociedad** en la que tener más voz. Sin embargo, el impacto de la colonización sobre las mujeres nativas de aquellos lugares fue negativo. La llegada de los invasores les robó la autoridad que sí se les reconocía inicialmente en sus tribus.

POR FIN, LOS ESCENARIOS

Aunque las obras de teatro siempre tenían personajes femeninos, en Occidente esos papeles nunca habían sido interpretados por actrices, sino por actores muy jóvenes. En el siglo XVI, por fin, las mujeres empezaron a subir a escena, primero en España y después en el resto de Europa, y obtuvieron **la posibilidad de escribir los textos y de dirigir compañías.**

En otras partes del mundo la situación era diferente. En el Kutiyattam, una forma de teatro que apareció en la India en el siglo X, las mujeres eran las que interpretaban los roles femeninos desde el principio. En China, con las innovaciones teatrales que trajo la dinastía Yuan, las actrices empezaron a estar presentes en los escenarios desde finales del siglo XII.

CAZA DE BRUJAS

A partir de 1550 en Europa comenzó una verdadera persecución de las mujeres... o, mejor dicho, de las *brujas,* ya que bajo esta acusación miles de mujeres fueron quemadas en la hoguera. Esta práctica ya se daba desde el 1300, pero a partir del siglo XVI alcanzó niveles nunca vistos. Cualquier detalle que hiciera a una mujer diferente de las demás podía llamar la atención de los inquisidores: que nunca se hubiera casado, que curase utilizando hierbas o que tuviera un rasgo físico llamativo. Tras señalarlas, a las presuntas brujas se las **encarcelaba y torturaba** con extrema crueldad hasta que, con tal de encontrar algo de alivio, confesaban ser brujas y acusaban de brujería a otras mujeres, lo que llevaba a nuevos juicios. La caza de brujas llegó incluso hasta los Estados Unidos, donde tuvo lugar uno de los procesos más conocidos: el de la ciudad de **Salem** entre los años 1692 y 1693, que terminó con la condena a muerte de 14 mujeres y 5 hombres.

CAPÍTULO 10

LA EDAD DE LAS LUCES Y LAS REVOLUCIONES

DESDE EL 1715 HASTA EL 1800

«El Siglo de las Luces» o Ilustración fue definido de ese modo por los intelectuales que protagonizaron ese movimiento político, social y cultural en el siglo XVIII. Ese nombre significaba que la **razón** humana debía ser capaz de arrojar una nueva luz sobre el mundo, especialmente sobre los aspectos que hasta ese momento habían permanecido en la sombra a causa de la ignorancia y la superstición. En los países que se oponían a las reformas para otorgar al pueblo más **autonomía y libertad**, la Ilustración detonó los movimientos revolucionarios que caracterizaron el fin de siglo. Las revoluciones más conocidas de aquella época fueron la norteamericana, que permitió la independencia de las colonias inglesas en Norteamérica y dio origen a los Estados Unidos, y la francesa, que acabó con la monarquía e hizo posible la república, la cual, tras varios intervalos de imperios y monarquías, acabó consolidándose en 1870.

TODOS IGUALES... PERO NO TODOS

La Ilustración defendía ideales de libertad e igualdad, pero únicamente los aplicaba al sexo masculino. Se pensaba que tan solo los hombres podían utilizar correctamente su razón, mientras que se consideraba que las mujeres eran **demasiado pasionales y emotivas** para desarrollar actividades intelectuales. Se las percibía como seres inferiores, destinadas únicamente al papel de madre y de protectora del hogar.

A pesar de que se les impedía la vida política y cultural, algunas mujeres, especialmente las que pertenecían a clases sociales elevadas, consiguieron crear espacios en los que desarrollar sus intereses culturales. Estos eran **los salones**, en los que la anfitriona recibía a sus invitados para hablar de literatura, música, política, ciencias y filosofía. Aquí los hombres y las mujeres departían como iguales, sin que importaran el sexo ni la clase social.

¡EN PRIMERA LÍNEA!

La Revolución estadounidense contó, desde el principio, con el esfuerzo y la lucha de las mujeres. En 1773 los colonos se rebelaron contra el aumento de los impuestos por parte del Reino Unido. En una protesta que pasó a la historia como el **Boston Tea Party**, arrojaron a las aguas del puerto de Boston las cajas de té procedentes de la madre patria. Sin embargo, había grupos de mujeres que llevaban cierto tiempo boicoteando el té procedente de Inglaterra y lo sustituían por una infusión que confeccionaban con plantas autóctonas. Las mujeres siguieron contribuyendo a la lucha cuando comenzaron los desencuentros entre los patriotas que defendían la independencia de la colonia y los lealistas, que permanecían fieles a la monarquía británica. Las mujeres se unieron al ejército como cocineras y enfermeras, o bien **transportaban mensajes secretos**.

EL SALÓN DE MADAME ROLAND

Madame Roland, de soltera Manon Philipon, fue una aristócrata parisina de gran cultura que apoyaba los ideales revolucionarios. Su salón estaba frecuentado por las mentes más brillantes de la Ilustración, y una vez que estalló la Revolución francesa, se convirtió en el lugar de encuentro del grupo político de los **girondinos**. Durante estas reuniones, Madame Roland no solo ejercía de anfitriona, sino que animaba los debates e influía con sus intervenciones en las opiniones y decisiones de sus invitados. Consejera y brazo derecho de su marido, Jean-Marie Roland, consiguió que este ocupara el cargo de ministro del Interior de Luis XVI.

LOS FUNDADORES NO SOLO ERAN PADRES

La contribución femenina a la independencia no solo fue en el campo de batalla, sino también en el ámbito de la palabra. Una de sus representantes fue **Abigail Adams**, esposa del futuro presidente de los Estados Unidos John Adams, que en ese momento estaba redactando, junto con los demás Padres Fundadores, la **Declaración de Independencia**. Preocupada porque su marido y los demás redactores no tuvieran en cuenta los derechos de las mujeres, hizo constar en una carta a John, en 1776, que si las excluían de los documentos oficiales lucharían para hacer oír sus voces. Los temores de Abigail tenían bastante fundamento, ya que pronto quedó claro que el primer artículo de la Constitución, el que decía «Todos los hombres son creados iguales», se refería específicamente a los hombres blancos. Las mujeres, los esclavos y los nativos americanos se quedaron fuera y permanecieron privados de derechos durante mucho tiempo.

ABIGAIL ADAMS

¿LIBERTÉ, ÉGALITÉ, FRATERNITÉ?

En julio de 1789, el pueblo francés se rebeló contra la monarquía asaltando la **Bastilla**, la fortaleza en la que estaban encarcelados los presos políticos. Entre ellos había tanto hombres como mujeres que invocaban los principios de libertad, igualdad y fraternidad. Las mujeres francesas se unieron a las propuestas y participaron en la vida política, **haciendo oír sus voces**. Del mismo modo que había sucedido al otro lado del océano durante la Revolución estadounidense, las mujeres llegaron a **travestirse de hombres**, vendándose los pechos y cortándose el cabello, con tal de poder luchar. A pesar de su esfuerzo, las mujeres francesas no consiguieron una mejora en sus condiciones de vida, ni obtuvieron el reconocimiento de sus derechos civiles. También en Europa, la *égalité* seguía siendo cosa de hombres.

A

VINDICATION

OF THE

RIGHTS OF WOMAN:

WITH

STRICTURES

ON

POLITICAL AND MORAL SUBJECTS.

BY MARY WOLLSTONECRAFT.

PRINTED AT BOSTON,
BY PETER EDES FOR THOMAS AND ANDREWS.

LA LUCHA POR LA IGUALDAD

En la última década del siglo, dos mujeres, una en Francia y la otra en Inglaterra, publicaron dos importantes libros sobre la condición de las mujeres en su época.

En 1791, Olympe de Gouges fue la primera persona que sostuvo que los derechos civiles debían aplicarse a todos los ciudadanos, independientemente de su sexo, en la *Declaración de los derechos de la mujer y de la ciudadana*. Un año después, Mary Wollstonecraft publicó *Vindicación de los derechos de la mujer*, considerado como uno de los primeros textos feministas de la historia.

CAPÍTULO 11

EL SIGLO XIX

DESDE EL 1800 HASTA EL 1900

A mediados del siglo XVIII, en Inglaterra, una serie de avances tecnológicos dieron lugar a la **Revolución Industrial**, que se extendió con rapidez por Europa occidental y Norteamérica y alcanzó su cumbre en el siglo XIX. Los progresos afectaron en primer lugar a las condiciones en las fábricas textiles y en las minas de carbón, y después llegaron también a la agricultura y los medios de transporte. La sociedad pasó de ser rural a industrial, y se dividió entre aquellos para quienes los avances tecnológicos (como las locomotoras de vapor o los telares mecánicos) supusieron una mejora en sus vidas, y aquellos que continuaron viviendo en la pobreza y en condiciones laborales pésimas.

Para las mujeres, la Revolución Industrial significó lo mismo que todas aquellas que la habían precedido: nada. Las mujeres siguieron privadas de los derechos que los hombres sí habían adquirido.

LA ÉPOCA DE LAS FÁBRICAS

Con la Revolución Industrial, el trabajo de hilado y tejido que las mujeres desarrollaban en sus casas se desplazó a las **fábricas**. Allí, las trabajadoras pasaban todo el día, en turnos de catorce horas, dentro de locales oscuros y poco ventilados, en los que hacía un calor asfixiante en verano y un frío glacial en invierno. Como si no fuera suficiente, las trabajadoras recibían por el mismo trabajo un salario más bajo que los hombres. En muchos casos, la vida laboral de una persona empezaba durante la infancia y se desarrollaba sin seguridad ni condiciones laborales básicas. A pesar de los numerosos accidentes e incluso muertes que se producían en el trabajo, no cabía la posibilidad de rebelarse. Los propietarios de las fábricas despedían a quienes se negaban a ser explotados, sabiendo que las calles de las ciudades estaban llenas de personas desesperadas por conseguir un trabajo, por mal pagado que estuviese, con el que mantener a su familia.

En 1828 tuvo lugar en Dover, New Hampshire, la **primera huelga** de trabajadoras textiles de la historia de Norteamérica. Tras abandonar sus puestos en la fábrica, 400 trabajadoras desfilaron con pancartas para protestar contra el reglamento, que contemplaba multas en caso de retraso y les impedía hablar durante el horario laboral. Las trabajadoras no consiguieron ningún cambio, pero impulsaron la formación de **asociaciones sindicales femeninas,** que se ocupaban de luchar por el reconocimiento de los derechos de las mujeres trabajadoras.

NACIMIENTO DE LA BURGUESÍA

Durante este periodo, los hombres de clase media —aquellos que, a diferencia de los obreros, no tenían que llevar a cabo trabajos físicos— empezaron a ganar más dinero y podían permitirse mantener a su familia sin necesidad de que su esposa contribuyera económicamente. Empezó así la distinción entre lo «laboral» y lo «doméstico». El primer ámbito estaba reservado a los hombres, mientras que el segundo se consideraba más adecuado para las mujeres, que se quedaban en casa para ocuparse de las tareas domésticas y de los niños.

Como los padres de familia disponían de medios de transporte cada vez más eficientes para acudir al trabajo, quienes podían dejaban la ciudad, llena de trabajadores de clase obrera, y se mudaban a la periferia, a viviendas similares a las villas de los nobles. Gracias al mayor bienestar económico, las compras se convirtieron en una actividad de ocio para la burguesía, que se desplazaba a la ciudad para realizarlas.

MUJERES Y ESCLAVITUD

Desde el siglo XVI hasta finales del XIX, más de 12 millones de seres humanos fueron deportados desde África al continente americano, y allí convertidos en **esclavos** de los colonos europeos. Tras un viaje interminable en condiciones inhumanas, a las esclavas y los esclavos se les obligaba a trabajar de sol a sol en las plantaciones de algodón y de tabaco bajo la supervisión de hombres blancos armados. Eran considerados como objetos de compraventa para ser utilizados.

La condición de las mujeres esclavas era, si cabe, aún peor que la de los hombres, porque no solo eran víctimas del racismo, sino también del sexismo y de una tremenda violencia física. A pesar de no tener ningún poder sobre sus propias vidas, las esclavas encontraron la manera de oponer cierta resistencia trabajando más despacio o, en algunos casos extremos, llegando a quitarse la vida. Otras trataron de fugarse y consiguieron liberarse de la esclavitud. Entre ellas estaba Harriet Tubman, que nació esclava en una plantación de Maryland. A los veintinueve años logró escaparse gracias al Underground Railroad, la red secreta de túneles subterráneos que utilizaban los esclavos afroamericanos para llegar a Canadá o a los estados en los que se había erradicado la esclavitud. Durante los años siguientes, Harriet colaboró con el **Underground Railroad**, guiando a esclavas y esclavos hacia la libertad.

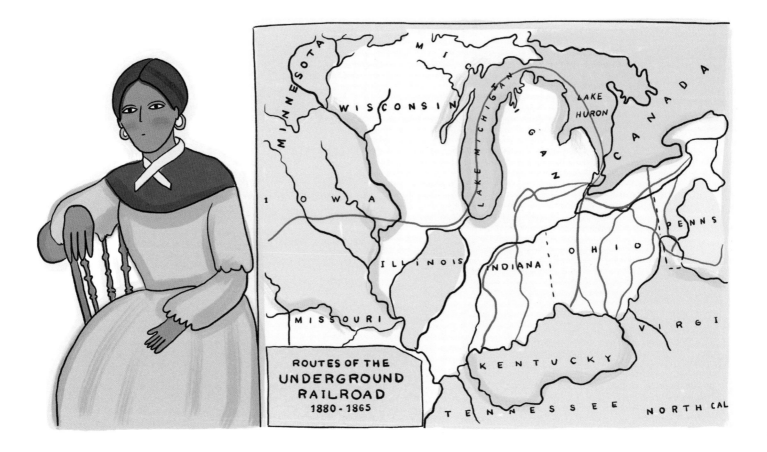

ROUTES OF THE
UNDERGROUND
RAILROAD
1880 - 1865

LAS SUFRAGISTAS

Hartas de que se les negaran incluso los derechos fundamentales, las mujeres empezaron a asociarse para reivindicar juntas la causa femenina y pedir la paridad de derechos entre hombres y mujeres. El movimiento más famoso fue el de las sufragistas, mujeres de todas las clases sociales decididas a obtener el **sufragio universal**, es decir, la extensión del derecho a voto a las mujeres, quienes hasta el momento no podían votar. Las sufragistas más relevantes fueron las británicas, cuya lucha se distinguió por actos llamativos como incendiar buzones o realizar huelgas de hambre tras ser encarceladas en las protestas, en las que reclamaban «Hechos, no palabras».

ESCRITORAS QUE HICIERON HISTORIA

Con el aumento de la alfabetización femenina, el número de lectoras se incrementó y, como consecuencia, cada vez más mujeres sintieron la necesidad de escribir historias y se convirtieron, en algunos casos, en autoras reconocidas. Pero como ser escritora no se consideraba una profesión adecuada para una mujer, muchas de ellas optaron por firmar sus obras con un seudónimo masculino, como **Charlotte Brontë**, que publicó *Jane Eyre* bajo el nombre de Currer Bell, mientras que sus hermanas Emily y Anne eligieron Ellis Bell y Acton Bell respectivamente. La escritora británica Jane Austen prefirió utilizar su propio nombre para contar la vida de las jóvenes de su época, obligadas a casarse para escapar de un destino de «solteronas». Después tuvo lugar la contribución fundamental de Harriet Beecher Stowe, quien, con su novela *La cabaña del tío Tom*, ayudó a sensibilizar a los estadounidenses sobre la esclavitud e influyó de manera decisiva en la opinión de la gente en el contexto de la **guerra civil** entre los estados del Norte y los del Sur. La contienda terminó en 1865 con la victoria del Norte y la **liberación de las esclavas y los esclavos.**

ENTRE EL PASADO Y EL FUTURO

Hubo cada vez más mujeres que se dedicaron a la ciencia, demostrando que Charles Darwin, el padre de la teoría de la evolución, se equivocaba al afirmar que las mujeres, si bien superiores a los hombres desde el punto de vista moral, eran inferiores en inteligencia. Entre ellas se encuentran la premio Nobel de Física y Química **Marie Curie,** la paleontóloga autodidacta **Mary Anning,** la fundadora de la enfermería moderna y pionera de la estadística **Florence Nightingale,** y **Maria Mitchell,** la primera mujer norteamericana que trabajó como astrónoma profesional. Gracias a los resultados obtenidos por estas científicas, cada vez más universidades abrieron sus puertas a las estudiantes. A estas se les permitía recibir las clases y realizar los exámenes, pero no obtener un título.

UNA PERIODISTA DE INCÓGNITO

Nellie Bly fue la primera persona que se dedicó al periodismo de investigación, y se la considera la inventora del **periodismo encubierto**, que consiste en fingir ser otra persona para llevar a cabo una investigación. Esto fue lo que hizo en 1887, cuando simuló tener problemas mentales y consiguió que la internaran en un manicomio para observar de cerca las condiciones inhumanas que sufrían las pacientes. La investigación se tituló *Diez días en un manicomio.*

CAPÍTULO 12

EL SIGLO XX

DESDE EL 1900 HASTA EL 2000

El nuevo siglo empezó en la primavera de 1900 con la Exposición Universal de París, en un clima de confianza en el futuro y en las innovaciones, como la electricidad y el cinematógrafo, que cambiarían para siempre la vida de la gente.

Sin embargo, en el siglo XX iban a producirse dos guerras que harían tambalearse los equilibrios mundiales y que también contribuyeron a cambiar el papel de las mujeres dentro de la sociedad.

Ya durante la Primera Guerra Mundial las mujeres contribuyeron como enfermeras en los campos militares y en las fuerzas auxiliares del ejército, pero también se ocuparon, lejos del frente, de las tareas que los hombres habían tenido que abandonar a causa de la guerra.

Con la Segunda Guerra Mundial las mujeres de los países aliados empezaron a prestar servicio en las fuerzas armadas, mientras que el bando nazi, de ideología fascista, las devolvió a su papel exclusivo de esposas y madres.

WE CAN DO IT!

En Norteamérica, la participación femenina en las industrias del sector bélico resultó fundamental para la victoria. Las mujeres sustituyeron en las fábricas de municiones a los hombres que se habían ido a combatir, permitiendo que los ejércitos de sus países no dejaran de recibir remesas. Esta tarea se hizo famosa gracias a la ilustración de Rosie, la remachadora: una mujer con mono de trabajo y el pelo recogido con una banda roja que enseña sus bíceps bajo el texto «We Can Do It!», «Nosotras podemos». La imagen de Rosie, basada en la fotografía de una remachadoras real, se hizo popular en los manifiestos representando a un tipo de mujer fuerte y decidida, dispuesta a afrontar turnos agotadores en las fábricas con tal de apoyar a su país.

LAS MUJERES DE LA RESISTENCIA

Durante la Segunda Guerra Mundial y algunas dictaduras europeas, las mujeres participaron activamente en la lucha contra los regímenes opresores. Muchas empuñaron las armas contra el fascismo y se convirtieron en milicianas, uniéndose al ejército. Otras, más jóvenes, ayudaban distribuyendo panfletos en los que se denunciaba al régimen o transportaban municiones. Las mujeres combatieron en batallones y muchas de ellas perdieron la vida en el frente. Las que operaban desde la clandestinidad tampoco lo tuvieron fácil: se arriesgaban cada día, poniendo su vida en peligro con sus valientes acciones.

LA LIBERTAD DEL PROGRESO

Al final de la guerra, muchas mujeres decidieron no volver a las ocupaciones domésticas y, gracias al movimiento de emancipación femenina, empezaron a realizar tareas que antes habían estado reservadas a los hombres. Inventos como la lavadora, la nevera y la comida precocinada ayudaron a que las mujeres pudieran dedicarse a sus propios proyectos, ya que se aligeró la carga del trabajo doméstico. Los progresos en la medicina también hicieron posibles partos más seguros y la planificación familiar.

LAS BRUJAS DE LA NOCHE

Cuando se desató la Segunda Guerra Mundial, a la aviadora y heroína de guerra rusa Marina Raskova le llegaron numerosas cartas de chicas que pedían combatir en primera línea, de modo que convenció a Stalin para montar tres regimientos de aeronáutica compuestos por mujeres. El más famoso de los ellos fue el Regimiento 588º de bombardeo nocturno, compuesto de aviadoras que actuaban de noche a bordo de biplanos y sembraban el pánico en las líneas enemigas hasta el punto de ganarse el apodo de «brujas de la noche».

POR FIN, LOS PANTALONES

Aunque prendas similares ya se veían a finales del siglo anterior, hubo que esperar al siglo xx para que **los pantalones** fueran habituales en el guardarropa de las mujeres. Todo empezó cuando, durante las guerras mundiales, las mujeres necesitaron vestimentas más prácticas para trabajar en las fábricas. Sin embargo, a finales de la Segunda Guerra Mundial la mayor parte de las mujeres volvieron a las faldas, y solo actrices famosas como Katharine Hepburn y Marlene Dietrich o estilistas como Coco Chanel continuaron vistiendo habitualmente pantalones y convirtiéndolos en un rasgo distintivo de sus estilismos. La popularidad del **modelo Capri**, a principios de los años sesenta, hizo que los pantalones se impusieran definitivamente como prenda femenina.

DERECHO AL VOTO

Las primeras mujeres que obtuvieron el derecho a votar fueron las de Nueva Zelanda en 1893. Cuando empezó la Primera Guerra Mundial, tan solo Australia, Finlandia, Noruega y once de los estados de EE. UU. habían seguido el ejemplo neozelandés. Sin embargo, con la guerra, las cosas empezaron a cambiar, y la lucha de las **sufragistas** dio sus frutos. Las mujeres británicas conquistaron el pleno derecho a voto a final de los años veinte y las españolas, en 1931, mientras que las italianas tuvieron que esperar a que terminara la Segunda Guerra Mundial y las suizas no lo consiguieron hasta 1971. Azerbaiyán fue el primer país con mayoría musulmana que concedió el derecho de voto a las mujeres en 1921, mientras que Arabia Saudita ha tenido que esperar hasta 2015.

MUJERES CONTRA LA SEGREGACIÓN

En el siglo xx hubo mujeres luchando contra **la doble discriminación:** la de género y la racial.

En Sudáfrica, la participación femenina fue esencial para acabar con el **apartheid**, la política de segregación mediante la cual la minoría blanca privaba de libertad y de derechos a la mayoría no blanca, utilizando incluso la violencia.

En los Estados Unidos la lucha por los derechos civiles se enfrentaba a **las leyes Jim Crow**, que hacían que los ciudadanos y ciudadanas negros fueran considerados de segunda clase. Durante casi un siglo, estas leyes mantuvieron separada a la población blanca de la negra en los medios de transporte, el cine y los restaurantes. También en este caso, con su compromiso político y gracias a actos de desobediencia civil, las mujeres contribuyeron al cambio legislativo y social. Entre ellas estaba Claudette Colvin, una adolescente de Alabama que, como más tarde hizo Rosa Parks, se negó a cederle su asiento a un pasajero blanco. Su gesto dio inicio a un boicot que duró casi un año y que puso fin a la segregación racial en los medios de transporte.

CAPÍTULO 13

¿Y AHORA QUÉ?

Las mujeres han conseguido reivindicar sus derechos gracias a un movimiento llamado **feminismo**, que a partir de mediados del siglo XIX sirvió para unir a las activistas que hasta ese momento luchaban individualmente por mejorar las condiciones de las mujeres. La unión de tantas personas decididas por fin consiguió avances a nivel social, contribuyendo a la creación de un mundo más justo en el que se está cerca de **la igualdad de derechos** para todas y para todos. Los derechos y libertades de los que disfrutan las mujeres de hoy en día en muchos países del mundo fueron conseguidos por las feministas de entonces y por las que recogieron su testigo. Son privilegios que hay que proteger y agradecer cada día. A pesar de ello, tanto en los países desarrollados como en los que están en vías de desarrollo, queda mucho por hacer para mejorar la vida de las mujeres.

#8M THE FUTURE iS FEMALE

MUJERES AL PODER

A pesar de que en la mayor parte de los países democráticos las mujeres consiguieron el derecho a voto a lo largo del siglo xx, las que hoy en día ocupan cargos políticos de importancia son muchas menos que los hombres. Sri Lanka fue el primer país en el que una mujer, Sirimavo Bandaranaike, dirigió el gobierno en **1960**. Alemania tuvo que esperar hasta 2005 para tener a su primera canciller, Angela Merkel. En los Estados Unidos, la única mujer propuesta como candidata ha sido Hillary Clinton en 2016. Hoy por hoy, ni los Estados Unidos ni España han tenido una presidenta liderando el país, aunque ambos gobiernos cuentan con vicepresidentas. Mientras, en América Latina, nueve mujeres han ocupado el poder de sus países desde que Violeta Chamorro ganó las elecciones en Nicaragua en 1990, y una de ellas, la chilena Michelle Bachelet, ha llegado a ser la alta comisionada de las Naciones Unidas para los Derechos Humanos.

La presencia femenina también es limitada en el sector industrial y económico, donde aún son muy pocas las mujeres que dirigen grandes empresas. El objetivo es destruir lo que se llama el «**techo de cristal**», la barrera invisible que separa a las mujeres trabajadoras de los puestos de poder. Se trata de una barrera que no se puede ver, pero que es real.

Me Too es un movimiento feminista contra la violencia ejercida sobre las mujeres que empezó en 2006 y se revitalizó y popularizó en 2017 a través del *hashtag* de Twitter **#metoo**. El objetivo de la iniciativa era animar a las mujeres a que contaran en las redes sociales sus experiencias como víctimas de la violencia sexual, especialmente en el lugar de trabajo, para que todo el mundo cobrara conciencia de la seriedad del problema. Después de tan solo dos días del primer *tweet*, el *hashtag* había sido empleado **500.000 veces**.

DOS MESES DE DIFERENCIA

Aunque ya tienen acceso a casi todas las profesiones, las mujeres perciben una remuneración media inferior respecto a la de sus colegas masculinos, pese a que realizan las mismas tareas, con idénticas responsabilidades y los mismos horarios.

Esta situación suele deberse a que en muchas culturas la mujer está considerada ante todo esposa y madre, y se entiende que su carrera laboral está en un segundo plano. **La brecha salarial**, es decir, la diferencia entre el sueldo que se les ofrece a los trabajadores y el que perciben las trabajadoras, sigue siendo un problema que hace que cada año las mujeres trabajen gratis dos meses al año, en comparación con lo que cobran sus colegas.

LA LUCHA CONTRA EL ANALFABETISMO

Incluso en la actualidad, en muchos países el **derecho al estudio** es un privilegio al que pocas niñas pueden aspirar. Los motivos pueden ser de tipo económico, religioso o cultural, pero el resultado siempre es el mismo: demasiadas niñas son obligadas a abandonar los estudios a corta edad para centrarse en la vida doméstica.

Malala Yousafzai es una de las jóvenes que ha luchado por ese derecho, denunciando en su blog la exclusión de la niñas del sistema educativo pakistaní durante la ocupación de su región por parte de un grupo extremista talibán. Tras sobrevivir a un atentado contra su vida en 2012, continuó con su empeño, y en 2014 se convirtió en la ganadora más joven del Premio **Nobel de la Paz**.

LA LIBERTAD DE AMARSE Y DE AMAR

El combate por la paridad y por los derechos tiene entre sus protagonistas a la comunidad **LGBTQ+**, conjunto de organizaciones lésbicas, gais, bisexuales, transgénero y *queer* que nacieron para celebrar la diversidad de género, el amor en todos sus colores y la defensa de los derechos civiles de colectivos que aún siguen sufriendo discriminación. A pesar de ser muchos los pasos que quedan por recorrer, un importante avance conseguido en las últimas décadas ha sido el reconocimiento a nivel legal del matrimonio y las uniones civiles entre personas del mismo sexo. El primer país en reconocer legalmente las parejas de hecho fue Dinamarca en 1989, mientras que el matrimonio en toda su extensión para personas del mismo sexo fue legal por primera vez en los Países Bajos en 2001.

MUJERES POR EL MEDIO AMBIENTE

El siglo XXI se distingue, respecto al pasado, por una mayor atención a la defensa del medio ambiente y a la **emergencia climática**. El incremento de las temperaturas medias globales, debido principalmente a actividades humanas, ha provocado cada vez más desastres naturales como inundaciones, el deshielo polar y un progresivo aumento del nivel de los océanos. Sin embargo, este grave problema tan solo se ha convertido en una prioridad para los países desarrollados en los últimos años. Una de las piezas clave ha sido la activista sueca Greta Thunberg. En septiembre de 2018, con solo quince años, Greta empezó a saltarse las clases cada viernes para protestar contra el gobierno sueco, exigiendo una mayor atención a los problemas climáticos. Su gesto ha inspirado a estudiantes de todo el mundo para iniciar protestas medioambientales, dando lugar al movimiento internacional **Fridays for Future**.

UN PASO TRAS OTRO

La construcción de un mundo mejor y más igualitario no es solo responsabilidad de quienes ocupan los puestos de poder. Todas las personas, con sus elecciones, pueden contribuir diariamente, por ejemplo, mediante la compra de juguetes que no fomenten la segregación de géneros o dando su voto a representantes políticos que pongan la igualdad en el centro de su programa. Llegar a un mundo más justo **es tarea de todas y de todos**.

CAROLINA CAPRIA
y MARIELLA MARTUCCI

Nacieron en Cosenza y en Nápoles, y durante veinte
años vivieron sin saber nada la una de la otra. En
2007 se hicieron compañeras de piso, se apuntaron
juntas a la escuela de escritura Holden, en Turín,
donde se hicieron amigas (no es verdad, ya lo eran
a los dos minutos de conocerse) y compañeras de
escritura. Desde ese momento trabajan juntas
como autoras y guionistas televisivas, y son una de
las parejas más longevas y activas de la literatura
infantil en Italia. En sus historias proporcionan a
las lectoras personajes femeninos que aportan un
imaginario alternativo al tradicional, compuesto
en su mayoría por personajes masculinos. Carolina
se ha convertido en el alma de *L'ha Scritto una
Femmina*, en Facebook e Instagram, donde
promueve la paridad de géneros en el ámbito
literario, y Mariella se ha especializado en la
traducción de novelas juveniles.

MARÍA TORO QUIJANO

Es una artista y diseñadora de Medellín (Colombia). Después de estudiar Diseño gráfico en la Universidad Pontificia Bolivariana, se especializó en Artes Plásticas en la Universidad de Málaga y en Ilustración en la BAU, Centro Universitario de Diseño de Barcelona.

Reconocida por sus escenas repletas de detalles y por su paleta de colores, su obra retrata la belleza y la poesía de la vida cotidiana. Criada en un entorno en el que le enseñaron a observar con empatía y respetar lo que la rodeaba, tiene como ejes centrales de su obra la naturaleza y el planeta Tierra.

ÍNDICE

Diseño y maquetación: Laura Zuccotti
Ilustraciones: María Toro

© 2022, Carolina Capria y Mariella Martucci, por el texto
© de esta edición, 2022 por Antonio Vallardi Editore S.u.r.l., Milán
Primera edición: febrero de 2022
Duomo ediciones es un sello de Antonio Vallardi Editore S.u.r.l.
www.duomoediciones.com

Gruppo editoriale Mauri Spagnol S.p.A.
www.maurispagnol.it

ISBN: 978-84-19004-06-2
Código IBIC: YB
Depósito legal: B 17.160-2021
Impreso en Grafiche Stella, Italia